EMG4-0027
合唱楽譜<スタンダード>

STANDARD
CHORUS PIECE

合唱で歌いたい！ スタンダードコーラスピース

混声4部合唱

「土の歌」より

大地讃頌

作詞：大木惇夫　作曲：佐藤 眞

●●● 曲目解説 ●●●

合唱と言えばこの曲。一度は歌っておきたい名曲です。力強く堂々と歌い上げれば、感動もひとしお。

【この楽譜は、旧商品『大地讃頌〔混声4部合唱〕』（品番：EME-C4001）と内容に変更はありません。】

ELEVATO
MUSIC ENTERTAINMENT

ELEVATO
MUSIC ENTERTAINMENT

「土の歌」より

大地讃頌

作詞:大木惇夫　作曲:佐藤 眞

5
mp
に　よ ろ こ　び　は　ー あ
に　ひ と の　こ　の　ー よ ろ こ　び　は　あ　ー
に　わ れ　ら　ー ひ と の　こ　の　ー よ ろ こ　び　は　あ
に　わ れ　ら　ー ひ と の　こ　の　ー よ ろ こ　び　は　あ

9
mp
る　だ い　ち　を あ い　せ　よ　だ い　ち　に い　き
る　だ い　ち　を あ い　せ　よ　だ い　ち　に い　き
る　だ い　ち　を あ い　せ　よ　だ い　ち　に い　き
る　だ い　ち　を あ い　せ　よ　だ い　ち　に い　き

13
mf
る そのたつつち
る ひとの こそのたつつち
る ー ひとの こらー ひ と のこらつち
る ーひとの こらー ー ひ と のこらつちー

17
ーにかんしゃ せ よ
ーにかんしゃ せ よ
ーにかんしゃ せ よ
ーにかんしゃ せ よ
f

21

26
p
へ い わ な ー だ い ち を ー し ず か な ー だ い ち
p
へ い わ な ー だ い ち を ー し ず か な ー だ い ち
p
へ い わ な ー だ い ち を ー し ず か な ー だ い ち
p
へ い わ な ー だ い ち を ー し ず か な ー だ い ち
p

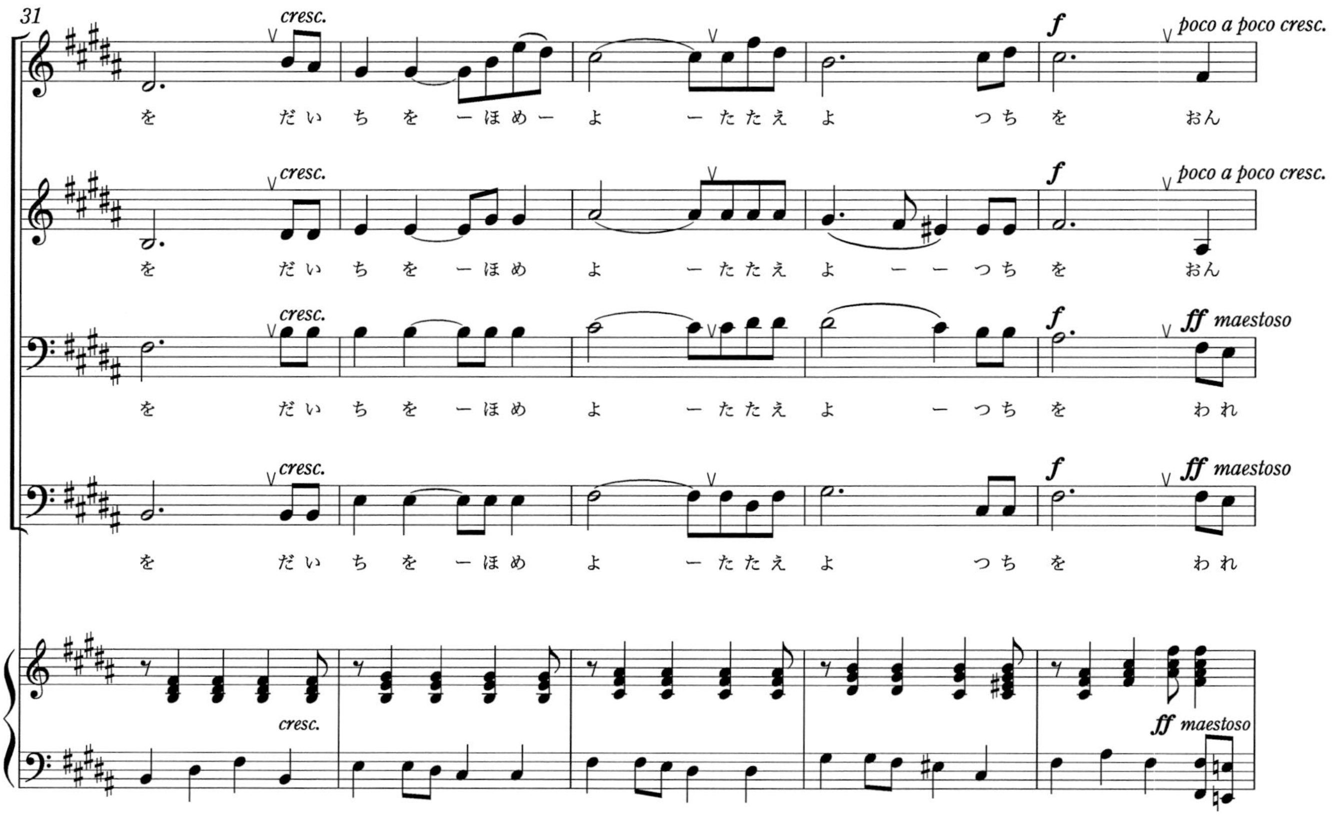
31
cresc.
f
poco a poco cresc.
を だ い ち を ー ほ め ー よ ー た た え よ つ ち を おん
cresc.
f
poco a poco cresc.
を だ い ち を ー ほ め よ ー た た え よ ー ー つ ち を おん
cresc.
f
ff maestoso
を だ い ち を ー ほ め よ ー た た え よ ー つ ち を わ れ
cresc.
f
ff maestoso
を だ い ち を ー ほ め よ ー た た え よ つ ち を わ れ
cresc.
ff maestoso

36
ちょう の ゆ た か な ゆ た か な だ い ち だ
ちょう の ゆ た か な ゆ た か な だ い ち だ
ら ー ひ と の こ の わ れ ら ー ひ と の こ の だ い
ら ー ひ と の こ の わ れ ら ー ひ と の こ の だ い

40
ff
pp cresc.
い ち だ い ち た た え よ た た え よ つ ち を ー は は な
い ち だ い ち た た え よ た た え よ つ ち を ー は は な
ち を ー ほ め ー よ ほ め よ た た え ー よ ー は は な
ち を ー ほ め ー よ ほ め よ た た え よ ー は は な
pp cresc.

44
る ー だ い ち を ー は は な る ー だ い ち を ー た た え
る ー だ い ち を ー は は な る ー だ い ち を ー た た え
る ー だ い ち を ー は は な る ー だ い ち を ー た た え
る ー だ い ち を ー は は な る ー だ い ち を ー た た え

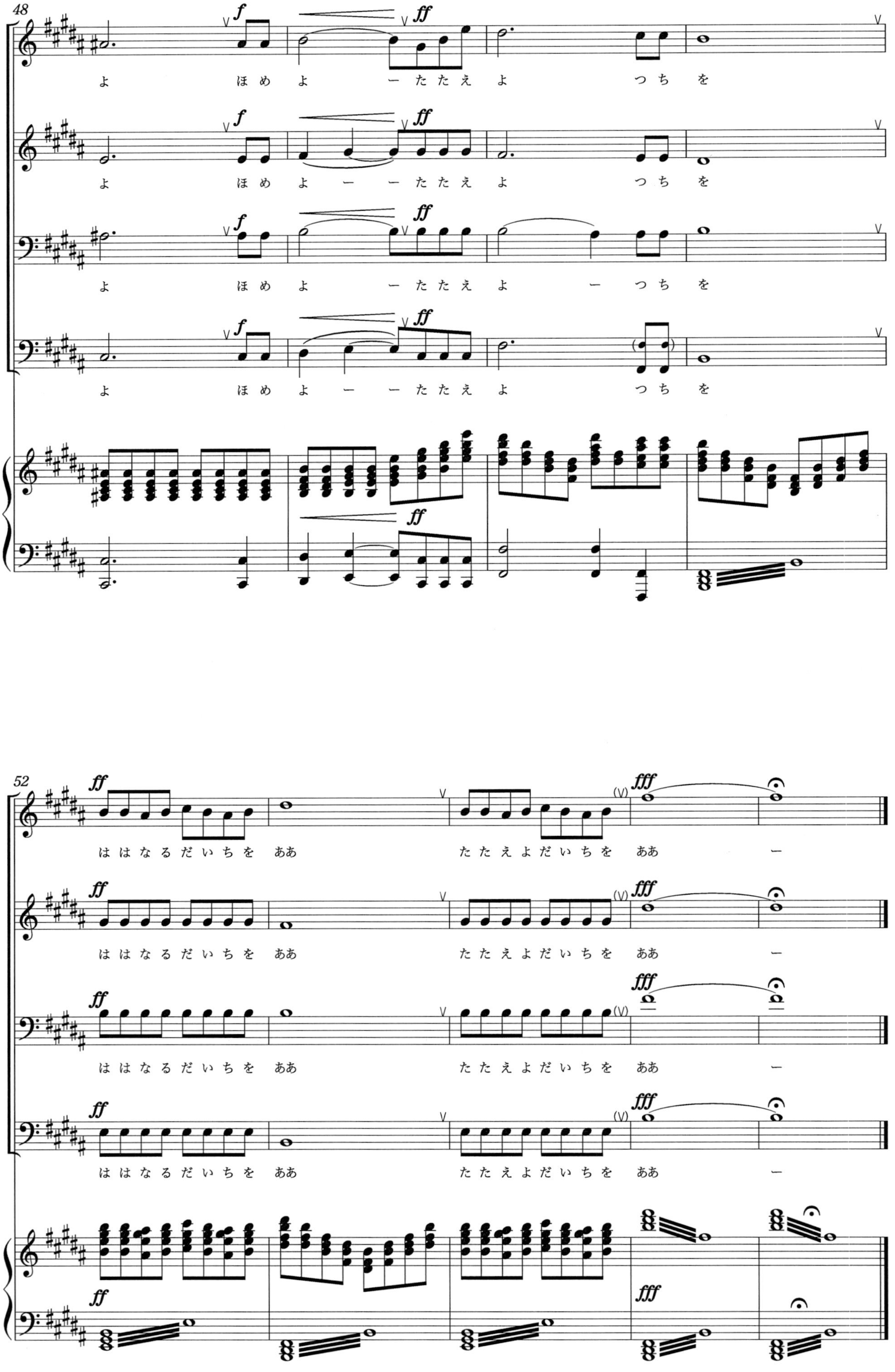
48
よ ほめ よ ーたたえ よ つち を
よ ほめ よ ー ーたたえ よ つち を
よ ほめ よ ーたたえ よ ー つち を
よ ほめ よ ー ーたたえ よ つち を
52
ははなるだいちを ああ たたえよだいちを ああ ー
ははなるだいちを ああ たたえよだいちを ああ ー
ははなるだいちを ああ たたえよだいちを ああ ー
ははなるだいちを ああ たたえよだいちを ああ ー

「土の歌」より

大地讃頌

作詞：大木惇夫

母なる大地のふところに
われら人の子の喜びはある
大地を愛せよ
大地に生きる人の子ら
その立つ土に感謝せよ

平和な大地を
静かな大地を
大地をほめよ　たたえよ土を
恩寵《おんちょう》のゆたかな大地
われら人の子の
大地をほめよ
たたえよ　土を
母なる大地を
たたえよ　ほめよ
たたえよ　土を
母なる大地を　ああ
たたえよ大地を　ああ

ELEVATO
MUSIC ENTERTAINMENT

MEMO

MEMO

ELEVATO
MUSIC ENTERTAINMENT

エレヴァートミュージックエンターテイメントはウィンズスコアが
展開する「合唱楽譜・器楽系楽譜」を中心とした専門レーベルです。

ご注文について

エレヴァートミュージックエンターテイメントの商品は全国の楽器店、ならびに書店にてお求めになれますが、店頭でのご購入が困難な場合、当社PC&モバイルサイト・電話からのご注文で、直接ご購入が可能です。

◎当社PCサイトでのご注文方法

http://elevato-music.com

上記のアドレスへアクセスし、WEBショップにてご注文ください。

◎お電話でのご注文方法

TEL.0120-713-771

営業時間内に電話いただければ、電話にてご注文を承ります。

◎モバイルサイトでのご注文方法

右のQRコードを読み取ってアクセスいただくか、
URLを直接ご入力ください。